Publications de la « Société de l'Histoire de la Guerre »
——————QUATRIÈME SÉRIE——————

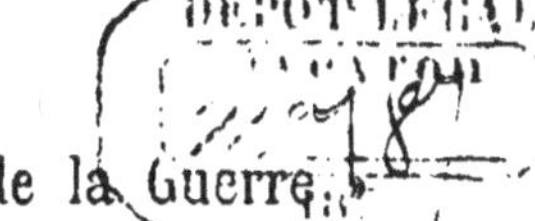

GUIDE DU MUSÉE

de la

GRANDE GUERRE

(Fondé avec les Collections Henri LEBLANC)

Prix : 3 fr.

CHATEAU DE VINCENNES

PAVILLON DE LA REINE

—

1929

Deuxième édition.

SOCIÉTÉ DE L'HISTOIRE DE LA GUERRE
Reconnue d'utilité publique par décret du 8 juillet 1924.

CONSEIL D'ADMINISTRATION.

MEMBRES DU BUREAU :

Président : M. André Honnorat, sénateur, ancien ministre de l'Instruction Publique et des Beaux-Arts.

Vice-Présidents : MM. Paul Appel, recteur honoraire de l'Académie de Paris; Maurice Bompard, sénateur, ancien ambassadeur.

Secrétaire général : M. Georges Bourdon, homme de lettres.

Secrétaire général adjoint : M. Pierre Renouvin, agrégé de l'Université, docteur ès lettres, professeur chargé de cours à la Sorbonne.

Trésoriers : M. Monnier, associé de la Banque de Neuflize et Cie; M. Paul Raphaël, homme de lettres.

Conseil technique de recherches et publications de documents : Mgr Baudrillart, de l'Académie française, recteur de l'Institut catholique de Paris; M. Coville, directeur de l'Enseignement supérieur; M. Charles Gide, professeur honoraire à la Faculté de droit; M. Gabriel Hanotaux, de l'Académie française; M. Henri Lichtenberger, professeur à la Sorbonne; M. Pierre Marcel, professeur à l'Ecole des Beaux-Arts, ancien chef de la Section photographique et cinématographique de l'armée; M. Jean Poirier, agrégé d'histoire et de géographie.

Délégué de la Bibliothèque-Musée de la Guerre : M. Camille Bloch, inspecteur général honoraire de l'Instruction Publique, directeur de la Bibliothèque-Musée de la guerre, docteur ès lettres, professeur chargé de cours à la Sorbonne.

MEMBRES DU CONSEIL.

M. Charles Appuhn, chef de la section allemande à la Bibliothèque-Musée de la Guerre; M. Arthur-Lévy, homme de lettres; M. Marcel Barrière, homme de lettres; M. Henri Bourrelier; M. François Carnot, président de l'Union centrale des Arts décoratifs; M. E. Chapuisat, directeur du *Journal de Genève;* Sir Martin Conway, membre de la Chambre des Communes, directeur général de l'Impérial War Museum, à Londres; M. Paul Doumer, président du Sénat; M. Doussain, député; M. le général Duffour, commandant l'Ecole supérieure de Guerre; M. Egnell, président de l'Amitié franco-suédoise, président de la Chambre de commerce suédoise à Paris; M. l'amiral Favereau; M. Guglielmo Ferrero; M. le colonel Feyler; M. Paul Ginisty, homme de lettres; M. Jules Isaac, professeur au Lycée Saint-Louis; M. Edouard Jordan, professeur à la Sorbonne; M. A. Landry, député, ancien ministre; Mme Henri Leblanc; M. Henri Leblanc; M. Georges Lecomte, de l'Académie française, président de la Société des gens de lettres; M. Georges Lyon, recteur honoraire; Sir Ian Malcolm, ancien membre de la Chambre des Communes; M. le colonel Bentley Mott, attaché militaire à l'ambassade des Etats-Unis; M. le marquis de Moustier, député; M. de Nalèche, directeur du *Journal des Débats;* M. de Peyerimhoff, vice-président du Comité central des Houillères de France; M. Piccioni, ministre plénipotentiaire; M. Henri Pirenne, recteur de l'Université de Gand; M. le colonel Reboul, ancien chef du Service Historique de l'Armée; M. le docteur Charles Richet, membre de l'Institut; M. Emile Terquem, ancien élève de l'Ecole Polytechnique; M. Albert Thomas, ancien ministre, directeur du Bureau International du Travail; M. le colonel **Tournès,** docteur ès lettres; M. Alexandre Varenne, ancien gouverneur général de l'Indo-Chine; M. Wilmotte, professeur à l'Université de Liège.

La Société se compose de membres titulaires et de membres fondateurs.

Les membres titulaires paient une cotisation annuelle dont le minimum est de 20 francs.

Les membres fondateurs rachètent leurs cotisations par le versement d'une somme de 500 francs au minimum.

Les uns et les autres reçoivent le service de la *Revue d'histoire de la Guerre Mondiale,* publication trimestrielle.

GUIDE DU MUSÉE

de la

GRANDE GUERRE

(Fondé avec les Collections Henri LEBLANC)

Publications de la « Société de l'Histoire de la Guerre »
———————QUATRIÈME SÉRIE———————

GUIDE DU MUSÉE

de la

GRANDE GUERRE

(Fondé avec les Collections Henri LEBLANC)

Prix : 3 fr.

CHATEAU DE VINCENNES
PAVILLON DE LA REINE

—

1929

Deuxième édition.

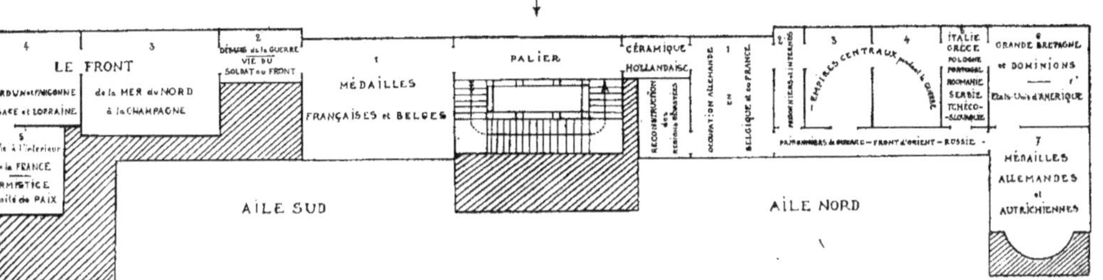

COUR DU CHATEAU
Entrée du Musée.
LE FRONT
4
VERDUN et l'ARGONNE
ALSACE et LORRAINE
3
de la MER du NORD à la CHAMPAGNE
2
DÉBUTS de la GUERRE
VIE DU SOLDAT au FRONT
5
Vie à l'intérieur de la FRANCE
ARMISTICE
Traité de PAIX
AILE SUD
1
MÉDAILLES
FRANÇAISES et BELGES
PALIER
CÉRAMIQUE
HOLLANDAISE
RECONSTRUCTION des régions dévastées
OCCUPATION ALLEMANDE EN BELGIQUE et en FRANCE
2
PRISONNIERS et INTERNÉS
PRISONNIERS de GUERRE — FRONT d'ORIENT — RUSSIE
3
4
EMPIRES CENTRAUX pendant la GUERRE
ITALIE
GRÈCE
POLOGNE
PORTUGAL
ROUMANIE
SERBIE
TCHÉCO-SLOVAQUIE
GRANDE BRETAGNE et DOMINIONS
Etats-Unis d'AMÉRIQUE
AILE NORD
7
MÉDAILLES ALLEMANDES et AUTRICHIENNES

GUIDE DU MUSÉE

GRANDE GUERRE

Origine et caractère de la Bibliothèque et du Musée de la Guerre.

L A Bibliothèque et le Musée de la Guerre, institution d'Etat relevant du Ministère de l'Instruction
Publique et des Beaux-Arts, ont pour origine la géné-
reuse donation faite, le 4 août 1917, par M. et Mme
Henri Leblanc des riches collections imprimées et ico-
nographiques qu'ils avaient commencé à former dès le
mois de septembre 1914.

. Peu auparavant, en décembre 1916, M. André Honnorat, qui devint plus tard ministre de l'Instruction
Publique, avait déposé à la Chambre des députés une
proposition de résolution, qui, renforcée ensuite par
un amendement de M. Jean Locquin, invitait le gouvernement « à faire rassembler d'urgence dans une
bibliothèque spéciale tous ouvrages et publications
de toute nature relatifs à la guerre, périodiques et non
périodiques, d'origine officielle ou privée, déjà parus
ou à paraître en France et à l'étranger ; à faire pro-
céder au classement, ainsi qu'à la rédaction de cata-
logues, de répertoires et de recueils des documents
ainsi réunis, le tout en conformité des méthodes de
l'érudition historique. »

C'est de cette double initiative qu'est née l'institution, qui, dès le début de l'année 1918, a fonctionné

avec tous les caractères d'une institution nationale, sous la direction de M. Camille Bloch, inspecteur général des bibliothèques et des archives, professeur chargé de cours à la Sorbonne. Elle quitta l'immeuble de l'avenue Malakoff (Paris-XVIᵉ), où M. et Mme Leblanc l'avaient installée et avaient pu déjà la faire connaître au public, pour un autre immeuble provisoirement loué rue du Colisée. En 1924, elle s'établit dans sa résidence définitive, le Pavillon de la Reine, au château de Vincennes.

Son inauguration officielle a eu lieu le 27 juin 1925, sous la présidence de M. Gaston Doumergue, président de la République, assisté de M. de Monzie, ministre de l'Instruction Publique et des Beaux-Arts.

L'œuvre a un double but. Elles est, d'une part, œuvre d'éducation populaire par la documentation iconographique du Musée et ses salles d'exposition publique; d'autre part, œuvre de haute science historique par la bibliothèque, qui doit recueillir et faire connaître les publications imprimées, en toutes langues, sur les événements de l'histoire du monde entre 1914 et 1919. Mais, pour permettre à l'institution de poursuivre logiquement son effort en l'appliquant aussi à la vie des peuples depuis la signature de la paix, la Société de l'Histoire de la Guerre (1) a fourni au gouvernement les moyens de créer une *Bibliothèque de documentation internationale contemporaine*, qui, annexée à la Bibliothèque de la Guerre comme étant sa suite naturelle, prend de jour en jour un très grand développement.

---

(1) La Société de l'Histoire de la Guerre, présidée par M. Honnorat, sénateur, ancien ministre, a elle aussi, son siège au Pavillon de la Reine. C'est une association privée, mais à qui son importance a déjà valu d'être, après peu d'années de fonctionnement, reconnue d'utilité publique. Elle a pour but : 1º de favoriser l'étude de l'histoire de la guerre de 1914 et de ses effets sur la vie des nations; 2º d'apporter à l'État son concours pour l'entretien et le développement de la Bibliothèque et du Musée de la Guerre; 3º d'entreprendre des publications sur l'histoire de la guerre de 1914.

Historique du Pavillon de la Reine (1).

Le 11 octobre 1652, mourait le marquis de Chavigny, gouverneur du château de Vincennes. Mazarin, premier ministre, se fit donner la succession vacante. Mais le logis du gouverneur ne lui paraissant pas en rapport avec le rang du ministre, Mazarin résolut de transformer les anciens bâtiments. Il chargea des travaux l'architecte Le Vau, sous la direction de Colbert. Commencés en 1654, ils furent achevés en 1659, et Mazarin, ainsi que la reine régente Anne d'Autriche, s'installèrent alors au « Pavillon de la Reine », où le cardinal mourut le 9 mars 1661. Le Pavillon continua d'être habité jusqu'en 1668; à cette date, la Cour abandonna Vincennes pour Versailles.

Louis XIV, sur le point de mourir, avait recommandé au Régent de ramener à Vincennes le jeune roi qui allait lui succéder. La Cour s'y réinstalla donc le 8 septembre 1715; le duc d'Orléans (le Régent) occupa les anciens appartements d'Anne d'Autriche, mais n'y demeura que soixante-douze jours. Depuis lors, Vincennes, abandonné par la Cour, entra en léthargie. Il ne parut se réveiller que vers 1740, lorsqu'y fut installée (d'abord dans les anciennes cuisines du Pavillon de la Reine) la manufacture des frères Dubois, d'où devait sortir, après divers avatars, l'actuelle manufacture nationale de porcelaine de Sèvres, localité où elle fut transportée en 1754. Le réveil de Vincennes fut donc de courte durée. Vincennes subissait déjà les effets, désavantageux pour lui, de l'attraction de l'Ouest.

Sous Napoléon I⁽ᵉʳ⁾, le château ayant reçu une destination militaire, les gouverneurs habitèrent le Pavil-

---

(1) Pour le détail de cet historique, consulter F. DE FOSSA, *Le Château historique de Vincennes à travers les âges*. Paris, 1904, 2 vol. in-4° (illustrés). — *Le Château de Vincennes*, Paris, s. d., (1913), in-8°. (Résumé de l'ouvrage précédent.) — Voir aussi André HURTRET, *Guide illustré du Château de Vincennes et des sites de l'Est de Paris*.

lon de la Reine. Citons parmi eux le général Daumesnil, qui s'illustra par son héroïque résistance aux troupes alliées en 1814 : l'épisode le plus célèbre de cette résistance est commémoré dans la statue qu'on voit sous la voûte d'entrée du château. Daumesnil mourut en 1832, victime de l'épidémie de choléra qui sévit cette année-là.

En 1842, le duc de Montpensier, fils de Louis-Philippe, ayant été nommé commandant de l'artillerie de Vincennes, établit lui aussi sa résidence au Pavillon de 1848. Son passage a laissé des traces saillantes dans l'aménagement intérieur du Pavillon, lequel abrita dans la suite divers services de l'armée, jusqu'au jour où un décret (27 novembre 1920) l'affecta au Ministère de l'Instruction Publique et des Beaux-Arts pour y installer la Bibliothèque et le Musée de la Grande Guerre. Les travaux d'aménagement, confiés à M. André Ventre, architecte en chef des monuments historiques, ont été exécutés au cours des années 1923-1925.

La Bibliothèque de la Guerre et la Bibliothèque de Documentation internationale contemporaine, dont les collections sont déjà très riches (cent dix mille volumes et un grand nombre de collections de périodiques, en toutes langues), occupent le rez-de-chaussée et deux étages; au Musée ont été réservées les belles salles du premier étage (où se trouve l'exposition publique) et leurs annexes du premier entresol (bureaux et magasins).

Description du Musée (1).

Généralités sur ses collections.

Le Musée possède 170.000 objets de nature très variée, qui ont pour caractère commun de se rapporter à la guerre de 1914 ou d'être inspirés par elle, depuis les plus ordinaires jusqu'aux plus rares, depuis

____

(1) Conservateur : M. René Jean.

le petit bibelot de circonstance, « la bague de tranchée », le jouet d'enfant, jusqu'au tableau, à la médaille, à l'affiche, émanant d'un artiste réputé.

L'origine des collections ainsi résumées vient en grande partie d'abord des richesses de la Fondation Leblanc, ensuite des dons nombreux qui ont contribué à l'augmenter. Parmi les plus importants, nous citerons ceux d'étrangers, amis de la France, de citoyens hollandais, MM. Louis Citroen, Frankenhuis, Henry de Jongh, Preyer, Adolphe Roos; de citoyens américains, M. Brentano et Mme de Bretteville-Sprekells, etc. Les noms de tous les donateurs sont d'ailleurs inscrits sur un registre spécial de l'administration du Musée.

Les objets divers, les bons de monnaie, les timbres, les vignettes, les photographies, la céramique, la verrerie, etc., étant mis à part, les collections contiennent environ 5.500 affiches illustrées, plus de 10.000 gravures et images, 2.400 médailles et plus de 3.000 originaux (peinture et dessin). Les œuvres françaises sont naturellement les plus nombreuses; mais il y en a aussi beaucoup d'origine étrangère, provenant soit des pays alliés (Belgique, Grande-Bretagne, Etats-Unis, Italie, Tchécoslovaquie, Pologne, Portugal, Roumanie, Yougoslavie, etc.), soit des pays anciennement ennemis (Allemagne, Autriche-Hongrie), soit des pays neutres.

La série des originaux est principalement riche en productions de l'art français. On peut les répartir, d'après leurs auteurs, en quatre grandes catégories :

1° Œuvres d'artistes mobilisés, dont beaucoup furent des combattants. Les aquarelles et les dessins y dominent; on comprend que les artistes vivant au front et sur la ligne de feu n'avaient pas le loisir de faire des tableaux achevés. Mais, après la guerre, plusieurs d'entre eux en exécutèrent d'après les études rapportées du front. Toutes les œuvres appartenant à cette catégorie seront décrites dans un catalogue spécial, qui fera l'objet d'une publication ultérieure; une partie seulement d'entre elles a pu être exposée, notamment celles de MM. Balande, Cannicioni, Communal, Descudé, Ch. Dufresne, Dunoyer de Segonzac, Flandrin, Fouqueray, André Fraye, Othon Friesz, Galtier-Boissière, Jodelet, Lantier, Jean-Louis Lefort, Marchand, Luc-Albert Moreau, Renefer, Taquoy, Abel Truchet, Valensi, Georges-Victor Hugo.

2° Œuvres d'artistes envoyés en mission par le Ministre de l'Instruction Publique et des Beaux-Arts. Ce sont les plus nombreuses dans la collection des tableaux du Musée. Les missionnaires étaient soit des mobilisés mis régulièrement en congé, soit des peintres qui ne se trouvaient pas assujettis aux obligations militaires, tels que MM. Jules Adler, Gilbert Bellan, Bonnard, J.-F. Bouchor, Charlot, Maurice Denis, Déziré, Hermann Paul, Lebasque, Marchand, René Fiot, Prinet, Scott, Synave, Vallotton, Vuillard.

3° Œuvres d'imagination documentaire, comme celles de M. Lévy-Dhurmer.

4° Œuvres qui sont les témoignages d'un aspect de l'esprit public pendant la guerre, comme les dessins satiriques et humoristiques. Les plus typiques sont ceux de MM. Abel Faivre, Forain (qui fut engagé volontaire et, malgré son âge, combattant), Hermann Paul, Poulbot, Steinlen, Willette.

Idée directrice de l'organisation des salles.

Dans le classement des pièces et objets exposés, on a cherché : d'une part, à évoquer la vision des sacrifices qui sont le douloureux cortège des guerres et qui furent particulièrement cruels au cours de celle de 1914; d'autre part, à faire apparaître, dans un ordre aussi méthodique que le permettaient la place et la disposition intérieure des salles, les grandes lignes de l'histoire d'un conflit qui a bouleversé le monde entier.

L'ESCALIER.

On accède aux salles par le grand escalier du Pavillon de la Reine ; les décorations murales ne datent que du premier tiers du dix-neuvième siècle.

Au pied de l'escalier, des vues de Reims, d'Arras et de Strasbourg, par M. Gilbert Bellan.

En montant, le visiteur a devant les yeux un panneau décoratif qui figura au Grand Palais des Champs-Elysées, lors du premier salon ouvert après l'armistice, panneau que son auteur, M. Jaulmes, dédia, comme l'est le Musée lui-même, « aux morts, aux blessés, aux combattants et aux mobilisés ». L'idée de sacrifice s'appliquant aux hommes, au sol, aux villes est rappelée aussi par *Le Convoi funèbre*, de M. de La Rochefoucauld, les deux toiles où M. Balande montre un enterrement collectif de soldats au front, la composition allégorique de M. Cameron Burnside offerte par « la Croix-Rouge Américaine en hommage au peuple français ».

A la rampe supérieure de l'escalier, remarquer une frise formée de specimens des insignes dont étaient ornées les voitures automobiles militaires. Sur le mur en face, aquarelles de Levard, représentant des insignes d'avions.

LE PALIER.

Sur le palier, quatre appareils dits « Vérascopes » renferment des vues photographiques.

Ce palier sépare les deux ailes du Musée; dans l'aile nord (à droite) étaient les appartements de Mazarin, dans l'aile sud (à gauche) ceux d'Anne d'Autriche.

On a consacré l'aile nord spécialement aux nations étrangères ; l'aile sud, au front occidental (France et Belgique).

La description des salles faite ici commence par l'aile sud (à gauche).

Avant de franchir la porte, remarquer au mur deux affiches du début de la guerre : celle de la mobilisation française, et celle où le Général Galliéni annonça, dans les premiers jours de septembre, c'est-à-dire au moment de l'avance allemande, qu'il défendrait Paris *jusqu'au bout*, formule saisissante, émouvante, qui eut la fortune que l'on sait.

AILE SUD.

Salle 1 S.

Ancienne Salle des Gardes de Mazarin et d'Anne d'Autriche. Son ornementation actuelle, qui n'a pas de rapport avec l'objet du Musée, date de trois siècles différents. Le plafond, qui est de la même époque que l'ensemble du Pavillon, représente Apollon et les Muses : il sort de l'atelier de Michel Dorigny. Les voussures (avec leurs médaillons) viennent de celui de Baptiste et Philippe de Champagne. Les panneaux (fin du xviii° siècle), étaient originairement au château de Louveciennes et au Trianon de Versailles. Trois sont signés de Vien, et le quatrième de Lagrenée. Leurs dimensions primitives ont été modifiées quand on leur assigna leur place actuelle, c'est-à-dire lors de l'installation du duc de Montpensier à Vincennes. C'est également à cette époque que furent sculptées les cheminées de la salle.

Sur les cheminées, vue de *Verdun* par M. Gilbert Bellan; *La Cuisine roulante*, groupe en bronze de M. Gir, et grande composition décorative de M. René Piot: *Les lanceurs de grenades.*

La salle ne pouvant recevoir d'autres tableaux sans que son aspect risquât d'être altéré, on s'est contenté d'y placer des vitrines de médailles. Les médailles de deux d'entre elles intéressent la Belgique; les autres, la France.

Parmi les médailles belges dues aux artistes Devreese, Dupont, Mauquoy, Petit, Theunis, etc., remarquer les portraits du roi Albert et de la reine Elisabeth, du général Leman, le défenseur de Liège, du cardinal Mercier, archevêque de Malines, du bourgmestre Max, de Bruxelles, et les pièces destinées à commémorer les diverses œuvres belges de bienfaisance.

Parmi les médailles françaises, voir notamment les portraits des maréchaux Joffre et Foch, du général Maunoury, de M. Clémenceau, de l'aviateur Guynemer, la plaquette dédiée *aux Maîtres morts pour la France,* éditée par les soins du Ministère de l'Instruction publique, les médailles consacrées à la vie du soldat par M. Pommier, *le Poilu* de M. Rivaud, l'*Hôpital* de M. Dropsy, la médaille des usines Renault par M. Fix-Masseau, quelques œuvres de Pierre Roche.

N. B. — La salle qui vient d'être décrite est celle qui peut être à l'occasion consacrée aux expositions temporaires. Dans ce cas, les vitrines de médailles qu'elle contient peuvent être momentanément enlevées.

Salle 2 S.

Antichambre, coupée en deux à l'époque du duc de Montpensier. Au plafond, *la Vigilance* par Doisy.

Cette salle, malheureusement trop exiguë, comprend trois parties.

Sur les panneaux :

A droite, les débuts de la guerre : *Les volontaires étrangers sur les boulevards* et *Les premiers réfugiés arrivant à la gare du Nord* (toiles de M. Léveillé); la *Tombe de' l'écrivain Charles Péguy à Villeroi* par M. Gilbert Bellan; des vues de Compiègne, du Grand Couronné et des principales localités où se déroula la bataille de la Marne; les portraits-charge du général Joffre et du général Galliéni par le caricaturiste Pann.

A gauche, scènes de la vie du soldat : le soldat au repos dans la tranchée (l'un par M. Dunoyer de Ségonzac, l'autre par M. Luc-Albert Moreau); le cadavre d'un soldat pourrissant entre les lignes (par M. Luc-Albert Moreau) ; scènes d'ambulances et d'hôpitaux par MM. André Fraye, Pierre Bonnard, Ch. Fouqueray. Remarquer aussi le portrait du général Galliéni par M. Georges Scott, et un dessin-étude pour la célèbre affiche de M. Abel Faivre : *On les aura.*

Au-dessus de la porte, l'aviateur Guynemer dans son avion.

Les vitrines renferment des objets faits au front

par des soldats, tels que des bagues, des espèces de
guitares fabriquées avec une boîte à cirages ou un bi-
don de pétrole, un jeu d'échec, taillé par le caporal
de territoriale Huguet, où l'on voit face à face le général Joffre et Marianne d'un côté, Guillaume II et
Germania de l'autre; une couronne en cuivre forgée
par *Les Poilus de la R. G. A. L.*, du camp de Mailly
et offerte par eux aux artistes de l'Opéra lors d'un
concert donné par « Le Théâtre aux Armées »; dans
une guérite, « le Père Confiance », symbole de la
bonne humeur des combattants et de leur foi dans la
victoire, etc.

Quelques aquarelles et peintures de MM. Léon Félix, André Lhôte, Jean Marchand, André Verdilhan
rappellent le rôle de la marine pendant la guerre.

Au-dessus, l'esquisse de La Marseillaise pour le célèbre dessin de Steinlen : *La République nous appelle.*

Salle 3 S.

Ancienne chambre d'apparat de la reine-mère, surbaissée et
transformée en bibliothèque lors de l'installation du duc de
Montpensier. Le plafond est de la même époque.

Cette salle et la suivante contiennent des vues des
champs de bataille. Celles qui sont dues à M. Gilbert
Bellan sont particulièrement nombreuses, ce peintre
ayant, après la signature de la paix, parcouru le front
pour en noter les principaux aspects. Le Musée en
possède la série complète, mais une petite partie seulement a pu être exposée.

De l'une à l'autre porte, trois grands panneaux con-
sacrés l'un au front du Nord, celui du fond à l'Aisne
et à la Somme, le dernier à la Champagne.

Dans le panneau relatif aux champs de bataille du
Nord, remarquer les tableau représentant les lieux
où combattirent nos fusiliers marins, des vues d'Ypres,
de l'Yser, de Dixmude, de Vimy, de l'hôtel de ville de
Cassel qui était le quartier général du général Foch,
de la place de Furnes où se trouvait le roi Albert,

Au fond, le Chemin des Dames, les marais d'Aveluy, une vue panoramique des champs de bataille de la Somme exécutée par M. Jules Flandrin, d'après ses souvenirs et un croquis fait au front, une *Soirée calme en première ligne*, par M. Maurice Denis.

Dans le panneau de Champagne : Reims, Tahure, Fleury-au-Bac, par M. Gilbert Bellan; diverses vues de M. Henri Lebasque ; *La piste Grossetti, la Main de Massiges*, par M. Taquoy; *le Cratère de Souain* et *le Cimetière militaire de Châlons-sur-Marne*, par Félix Vallotton.

Deux meubles à volets contiennent des dessins et des croquis dus pour la plupart à des artistes combattants : aquarelles de M. André Fraye, dessins appliqués de M. Dandville, gouaches de M. Jean Lefort.

L'œuvre de M. Jean Lefort, qui n'a pu être présentée intégralement et dont le Musée ne possède, d'ailleurs, qu'une partie, s'étend du début de 1915 à la démobilisation; elle forme comme le carnet de route d'un peintre combattant, carnet qui sera précieux pour les historiens.

Dans le meuble dont le premier volet est occupé par les deux artisans de la victoire, le soldat X... et le généralissime (Maréchal Foch), voir quelques spécimens : de journaux dits de tranchée et rédigés par les soldats au front ; de diplômes pour citations à l'ordre du jour; de programmes de représentations théâtrales aux armées.

Dans le second meuble, la face du premier volet montre le roi et la reine des Belges, et trois dessins de M. Mazerel se rapportant aux premiers jours de la guerre en Belgique. Les volets suivants contiennent, outre des portraits de généraux, des dessins faits en majorité par des soldats et quelques grandes photographies panoramiques de certaines parties du front.

Dans les vitrines de cette salle, on verra divers souvenirs et reliques, tels que : des coulées de plomb provenant de l'incendie de la cathédrale de Reims; — un livre sauvé de l'incendie de la bibliothèque de Lou-

vain; — un vase rapporté d'Ypres, — un morceau de
la corde de l'Eglise de Combles (Somme); — le registre postal allemand de Thann (Haut-Rhin, arrêté à
la date de l'entrée des Français (5 août 1914); — un
casque pour les démobilisés en 1918; — des cartes
de rationnement de denrées; — des cannes de « poilus »; — un herbier de la flore de Champagne formé
au front par un soldat sur des écorces de bouleaux;
— des engins de la propagande française chez l'ennemi (boîtes de conserves contenant des tracts imprimés et envoyées à nos prisonniers en Allemagne) ; —
des spéciments d'insignes vendus dans les rues lors
des « journées » au profit des œuvres de bienfaisance, etc.

L'une des vitrines renferme quelques souvenirs des
restrictions alimentaires imposées par la guerre, entre autres les boîtes qui servaient à mettre les mor-
ceaux de sucre rationné quand on allait consommer
hors de chez soi, etc. Lire les inscriptions qui figurent
sur les couvercles de ces boîtes.

La grande vitrine murale, entre les deux portes-fe-
nêtres, renferme des échantillons d'objets de verrerie
et de céramique (la plupart ont dû rester, faute de
place, dans les réserves du Musée). Presque toute la
partie centrale est occupée par des produits de la Manufacture de Sèvres : assiettes et plats décorés par le
lieutenant Jean Droit, statuettes de soldats, d'aviateurs, etc.

Dans la porte conduisant à la salle suivante, un dessin de Steinlen : *La Gloire*, et d'autres de MM. Vuillard, Dunoyer de Segonzac et Luc-Albert Moreau.

Salle 4 S.

« Cabinet d'assemblée » d'Anne d'Autriche.

Aux murs, des tableaux qui se rapportent, soit à
Verdun et à l'Argonne, soit au front des Vosges.

Dans le panneau consacré à Verdun, *Le Bois des
Caures* (M. André Fraye), *La Piste de Fleury* (M. Ber-

tin), un coin du champ de bataille de *Vaux-Chapitre* (M. Descudé), *Péniches sanitaires sur la Meuse* (M. P. Morchain), diverses vues de Verdun et des environs (MM. Saillard, Devambez, Balande, Hermann Paul); *La Tranchée des baïonnettes, l'Ossuaire de Douaumont, La Citadelle* (M. Gilbert Bellan), *Fleury-devant-Douaumont* (M. Jules Adler), etc.

Un dessin de M. Luc-Albert Moreau, fait sur place, le 25 octobre 1916, montre le commandant allemand quittant le fort de Douaumont, suivi de son ordonnance, lors de la reprise de cette position par les troupes françaises.

En retrait, des scènes épisodiques : *Les masques* (Zingg), représentant une troupe de soldats partant à l'assaut après avoir protégé leurs visages contre les gaz délétères lancés par les Allemands ; *La relève sous les obus* (M. Leroux).

Parmi les tableaux relatifs à la région des Vosges, remarquer ceux de MM. Callot, Déziré, Lantier, Madeline, Malespina, Ottmann;   deux scènes du *Ravitaillement*, par M. René Piot, (la série comprend quatre autres tableaux); *Les anciens combattants de 1870 assistant le 14 juillet 1917 à la revue à Saint-Amarin* (Haut-Rhin), par M. Louis Charlot.

Dans la vitrine murale, uniformes des soldats alliés, assiettes décorées, modèles réduits du char d'assaut ou tank (Renault), de la camionnette Rochet-Schneider, des canon, tracteur, camion, camionnette sanitaire et voiture Panhard-Levassor utilisés pendant la guerre. Au centre, le fanion rouge et vert de l'écrivain italien Canudo, engagé dans la Légion étrangère, capitaine de l'armée d'Orient : ce fanion lui avait été offert par les dames de Salonique.

Près de la précédente vitrine se trouvent des tableaux de MM. Bouchor, Ottmann, Déziré, et une aquarelle de M. Retif, *Canonniers aveuglés et brûlés par les gaz d'ypérite.*

Les documents du meuble à volets sont très variés. La face du premier volet est occupée par le *Message du Président de la République* (M. Poincaré) aux Chambres (4 août 1914) : le terme d' « union sacrée » y apparaît pour la première fois. Ensuite, affiches pour les œuvres de bienfaisance, pour les emprunts (réductions de celles de MM. Albert Besnard, Abel Faivre, Bernard Naudin, Maurice Neumont, Poulbot, Sem, Willette), pour les restrictions (notamment celles que composèrent les enfants des écoles de la ville de Paris). Voir également les spécimens des lithographies de M. Forain et des dessins de M. Hermann Paul (un grand nombre se trouvent dans les réserves du Musée), des gouaches de MM. Louveau-Rouveyre et Boisgegrain, montrant divers aspects de *Paris bombardé* par les avions ennemis et par le canon à longue portée («grosse Bertha »).

Dans la porte, documents sur le camouflage (aquarelles de MM. Le Petit et Pierre-Albert Leroux).

Salle 5 S.

Probablement chambre à coucher d'Anne d'Autriche.
En regardant par la fenêtre de droite, on voit dans le fossé la colonne commémorative élevée à la place où le duc d'Enghien fut fusillé en 1804.

Sur le panneau de gauche, tableaux et dessins évoquant la vie française à l'arrière : dessins de Steinlen (en particulier, la Marseillaise entraînant les mobilisés); — ouvrier et ouvrière d'usine (M. Jules Adler); — la statue de Jeanne d'Arc sur la place des Pyramides le 16 mai 1915, et la place d'Iéna devant la statue de Washington le 22 avril 1917 (Mlle Delasalle); les tableaux du Louvre amenés sur des camions dans la chapelle des Jacobins à Toulouse (M. Paul Jamot); — des toiles de M. Lévy-Dhurmer (*Les Mères de la Guerre ;* le musée possède la série complète des douze toiles), et, du même artiste, l'épisode du grand-rabbin Bloch, aumônier militaire, tué dans une ambulance du front au moment où il présentait le crucifix à un soldat catholique agonisant.

Dans l'autre panneau, le fac-similé du brouillon (on remarquera les abrévations) et de la copie dactylographiée de l'ordre du jour du Maréchal Foch lors de l'armistice ; — le *Premier feu d'artifice tiré à Paris* depuis la guerre (M. Raoul Dufy); — la *Journée d'Alsace-Lorraine sur la place de la Concorde* le 17 novembre 1918 (M. Gilbert Bellan); — la *Grande-rue du village de La Chapelle-en-Thiérache*, où furent conduits les plénipotentiaires allemands lorsqu'ils vinrent demander l'armistice (même auteur); — l'*Entrée des troupes françaises à Strasbourg*, et le *Défilé des Sociétés alsaciennes et lorraines devant les présidents Poincaré et Clémenceau* (M. Othon Friesz); — la *Signature du traité de Versailles* (M. Georges Scott); — le *Défilé des mutilés à la revue du 14 juillet* 1919 (M. Galtier-Boissière); — l'*Illumination de la cathédrale de Strasbourg* à la même date (M. Jean Lefort), etc.

La vitrine murale contient notamment les figurines de cire, faites par Mesdames Laffitte-Déziriat, et montrant l'évolution de la mode parisienne pendant la guerre, (au centre, la femme du monde, en bonnet du matin et en peignoir rouge, un bougeoir à la main, ses sacs de bijoux et objets précieux au bras, s'apprêtant à descendre à la cave pendant une alerte de « Gothas » arrivant sur Paris); — les métiers féminins de la guerre (Mesdames Laffitte-Déziriat et Mme Myrtha Dary); — un vase offert aux grands blessés français par la ville de Lausanne; — les silhouettes humoristiques de M. Pierre Bompard (les mercantis de la guerre : charbonnier, épicier, fabricant d'obus; — Dame Censure (Anastasie) portant ses ciseaux dans le dos et conduisant un canard; — la « krosse Bertha » (formée avec une cannelle de tonneau) tirant sur Paris; — Lisette avant, pendant et après la guerre; — les plénipotentiaires allemands se présentant au Maréchal Foch, etc.

En face, un meuble à volets. Le premier volet évoque la victoire dès son premier sourire (proclamation du général Joffre répandue en Alsace par les escadrilles françaises de Mulhouse) jusqu'à sa pleine réalisation (*Le Coq de la Victoire* par M. Dufy). Ensuite, affiches relatives au retour de l'Alsace-Lorraine à la France; diplômes commémoratifs; spécimens d'insignes portés par les avions militaires (reproductions à l'aquarelle de M. Levard); dessins ou gouaches pour « La Pochette de la Marraine » (œuvre des marraines de guerre).

*
*

On revient sur ses pas jusqu'à l'escalier, et on pénètre dans les pièces de l'aile Nord.

AILE NORD.

Couloir d'entrée.

A l'entrée, on trouve une vitrine de produits de l'art céramique hollandais, provenant en majorité des manufactures de Delft et de Gouda. Sur ces faïences et porcelaines se voient des images destinées à célébrer surtout l'armistice (*Wapenstilstand*) et la paix (*Vrede*). On remarquera le plat en l'honneur des héros de Verdun. Quelques pièces font allusion aux restrictions de denrées (lait, beurre, sucre, charbon), que certains pays neutres, comme la Hollande, eurent à s'imposer aussi le bien que les pays belligérants. Voir aussi un spécimen d'une des boules de verre qui servaient de flotteurs aux filets de pêche pour remplacer le liège qui manquait. Sur la rangée supérieure, à droite, une assiette où est figurée la chute du mark allemand par suite de la baisse du change (*Valuta*).

A droite et en face de la vitrine, souvenirs de l'histoire de l'armée belge : *L'épluchage des pommes de terre au camp des mutilés de Port-Villez* (M. Léon Cassel); *La minoterie de Dixmude* et *La Digue de l'Yser* (M. Charles Michel); *La corvée de café* (M. Allart L'Olivier).

Salle 1 N.

Cette salle concerne principalement les régions occupées par l'ennemi en Belgique et en France.

De gauche à droite, nombreux tableaux de M. Gilbert Bellan; dessins allégoriques de Steinlen (en particulier, le dessin original de la célèbre affiche : *Les Belges ont faim*); un pastel du peintre belge Henry de Groux : *Le retour au foyer;* deux dessins de M. Forain. Près de la fenêtre, l'affiche dite des otages de Lille, placardée sur les murs de cette ville par le gouvernement allemand en octobre 1914. Ensuite, sur le mur, un coin d'une *Salle du Musée de Douai après le départ des Allemands* et *Les otages civils dans la rue de l'Hôtel de Ville de Douai* (par M. Henri Duhem); — les arbres coupés par les Allemands sur la route de Roye à Noyon, — la copie d'une composition murale allemande (assez énigmatique), exécutée dans la salle d'école de Suzoy (Oise). Ces deux toiles sont de M. Prinet) ; — des aspects de la destruction de Louvain (M. Gilsoul), etc.

Volets. — Les pièces réunies dans le premier de ces meubles concernent l'histoire de l'occupation allemande en Belgique. Sur la face du premier volet, proclamation du général von Emmig au moment de l'entrée de son armée en Belgique, invasion rendue nécessaire, déclare-t-il, par le fait que des officiers français ont violé la neutralité belge en traversant le pays sous un déguisement allemand pour se rendre en Allemagne. Plusieurs affiches de l'occupation d'Andenne. L'affiche apposée à Namur par von Bulow, le 25 août 1914, ordonnant de livrer tous les soldats belges et français. L'affiche du « démenti le plus formel » infligé par le bourgmestre de Bruxelles, M. Adolphe Max, à l'affirmation du gouverneur de Liège que la Belgique ne peut plus compter sur le secours de la France, elle-même réduite à la défensive. Celle de l'interdiction de jouer et chanter la *Marseillaise* (mars 1915), de l'interdiction de porter insignes belges ou alliés. Sentences de condamnations à mort prononcées par les Conseils de guerre. Portrait du Cardinal Mercier. Vues de villes belges avant, pendant et après l'occupation. Spécimens des journaux et revues publiés clandestinement par les Belges, notamment la célèbre *Libre Belgique*, le *Lion de Flandre*, le *Gardien flamand*, la *Revue hebdomadaire de la presse française*, l'*Ame Belge*, etc. Photographies prises par les Allemands en Belgique. Cartes d'alimentation, etc. On remarquera les empreintes de faux cachets apposées sur deux feuilles de papier à en-tête du Canton de Genève, empreintes et papier utilisés par les patriotes Belges pour se confectionner de fausses pièces d'identité.

Le second volet est consacré à La France occupée.

Sur la première face, bulletins de victoire imprimés à Saint-Dié (Vosges) pendant l'occupation et apposés par l'autorité militaire. L'un, en date du 3 septembre 1914, annonce la manœuvre d'encerclement de Paris et la retraite des troupes françaises. Au revers, l'affiche des otages de Reims, qui « seront pendus à la moindre tentative de désordre; la ville sera entièrement ou partiellement brûlée et les habitants pendus, si une infraction quelconque est commise ». Voir ensuite la proclamation (sur papier rouge), relative à la destruction d'Orchies (Nord). « Orchies, autrefois ville de 5.000 habitants, n'existe plus : maisons, hôtel de ville, église, ont disparu, et il n'y a plus d'habitants »; l'affiche apposée à Cambrai en octobre 1914 pour dénoncer la responsabilité de l'Angleterre dans la guerre; celle qui annonce la transportation des habitants de Roubaix à cause de la menace de disette (10 mars 1915); la déportation d'otages et d'ouvriers (Nouvelles punitions... 6 juillet), l'évacuation des habitants de Lille (avril 1916), la levée de la population féminine en territoire occupé (Sedan, 20 mars 1917), l' « Avis relatif au travail volontaire exigé des civils ». Condamnations prononcées par des Conseils de guerre. Spécimens de la fameuse *Gazette des Ardennes,* journal inspiré par les Allemands et destiné à affaiblir la résistance morale des habitants.

Quelques dessins faits, en 1915-1916, par un peintre demeuré à Lens, M. Waguet, sont de précieux documents sur l'agonie de cette ville.

On remarquera aussi des lithographies, photographies et cartes postales exécutées par les Allemands en France, et quelques spécimens de cartes d'alimentation dans les villes et villages occupés.

Troisième volet. — Affiches allemandes pour les emprunts de guerre (1). Remarquer parmi les spécimens exposés : l'affiche célébrant le succès du septième emprunt allemand; — la carte montrant l'annexion de la rive gauche du Rhin, « but de guerre de la France », avec la cathédrale de Cologne incendiée... comme celle de Reims, et l'inscription : Rhénans, défendez votre indépendance; souscrivez au septième emprunt »; — la bombe d'or du neuvième emprunt, écrasant les pavillons alliés; — l'affiche montrant les Iles Britanniques entourées d'une flotte de sous-marins pour inviter la population à souscrire à l'emprunt qui permettra de construire des sous-marins contre l'Angleterre; — le guerrier terrassant le monstre de l'Entente à cinq têtes, dont la principale est celle du président Wilson; — la cloche ailée qui sonne la paix; — l'aigle entraînant dans son vol ardent la colombe de la paix, etc., etc.

Quatrième volet. — Affiches allemandes pour les œuvres de guerre et les journées de bienfaisance ; envois de cadeaux de Noël, de livres aux combattants, aux prisonniers, appels en faveur des crèches d'enfants, concerts de charité, exposition de butin de guerre, etc.

---

(1) Pour tous les documents en langue étrangère, voir les traductions manuscrites données dans les étiquettes collées sur les vitrines des volets.

Salle 2 N.

Elle est consacrée aux pionniers en Allemagne et aux internés en Suisse.

Aux murs : photographie de trois fausses jeunes femmes assises ; ce sont trois prisonniers français qui s'évadèrent d'Allemagne en Suisse sous ce déguisement; — gravure de M. Claudius Denis, dessins et aquarelles de MM. Touchet, Marguery; — une série de tableaux (d'Apol, d'Halbout) présentant des vues du camp de Holzminden où étaient enfermés les civils, des camps de Munster (par M. Verdick), d'Alten-Grabow (par MM. Robert Mignon, Charles de la Personne), de Celle (par M. Flachat), de Weltzlar (par M. de Becque), de Buskow (par M. Hanotaux). Remarquer les prisonniers français ou russes attachés au poteau, dans les camps d'Alten-Grabow et de Weltzlar.

D'autres dessins, qui n'ont pu trouver place sur les murs, sont groupés dans un volet qui a été posé dans le couloir voisin; ils complètent la documentation sur les prisonniers alliés en Allemagne. Ce volet sera décrit plus loin.

Vitrine murale. — Elle est divisée en deux parties. Dans l'une, les objets fabriqués en Suisse par des prisonniers et internés alliés : bois découpés, terres cuites, jouets taillés, spécimens de boîtes décorées dans un petit atelier créé par l'artiste, M. Clément Mère.

Dans l'autre partie, assiettes décorées par des internés allemands. L'étoffe rouge marquée d'une couronne qui garnit le fond de la vitrine provient du palais impérial de Strasbourg; elle servait à recouvrir les meubles pendant l'absence de Guillaume II.

Salle 3 N.

Elle est consacrée aux Empires Centraux.

Voir à gauche, près de la porte d'entrée, l'affiche allemande de la mobilisation. Sur les panneaux en face, les dessins originaux faits en France par M. Jacques Gachot, Alsacien mobilisé dans l'armée allemande; — des lithographies allemandes, dont l'une montre à Liège des cadavres de francs-tireurs pendus à un arbre au pied duquel dorment des soldats allemands; l'autre, un combat dans les rues de Louvain; — l'image populaire intitulée « Partie de cartes » entre Guillaume II et les divers souverains et chefs d'Etat de l'Entente, et celle qui représente Guillaume II en grand uniforme prononçant, au moment de la déclaration de guerre, l'allocution où il prédit la victoire par la misère et par la mort.

Deux vitrines murales. — L'une renferme surtout des objets de céramique : statuettes ou bustes du Kaiser, du Kronprinz, du maréchal Hindenburg ; curieuse assiette que décore la croix de fer entourée d'une couronne d'épinnes. Des plats de la fabrique de Meissen, à la teinte bleue, célèbrent les victoires allemandes : prises de Dinant, Liège, Bruxelles, Anvers, Varsovie, Belgrade, etc.; verres émaillés, destinés à la propagande, portant des inscriptions en langue arabe et bulgare; un cendrier où l'on voit un soldat français ou un soldat anglais montés sur un cheval de bois et criant : A Berlin! A Berlin!; — une assiette décorée, au milieu de laquelle on lit l'inscription suivante : « *Wer in Krieg will Unglück han — Der fange mit den Deutschen an!* Qui veut « écoper » à la guerre n'a qu'à se frotter aux Allemands! »

L'autre vitrine contient spécialement des casques allemands, parmi lesquels le modèle de celui que portait l'empereur Guillaume II. A remarquer l'épée, les épaulettes et le casque abandonnés par le prince Max de Bade lors de la bataille de la Marne; le fanion attaché à l'automobile de Guillaume II lors de son entrée en Hollande, avec l'inscription : *Gott mit Uns* (Dieu est avec nous!); le tambour du 55ᵉ régiment de la Garde Impériale, ramassé près du ravin de Chavignon; — divers objets (cafetière, théière, briquettes de charbon) portant l'inscription : *Gott strafe England!* (Dieu punisse l'Angleterre!)

Près de la vitrine, voir au mur un extrait (avec traduction) du fameux Chant de haine contre l'Angleterre (*Hassgesang gegen England*) du poète Ernest Lissauer.

Salle 4 N.

Le plafond, qui date de l'époque de Louis-Philippe, comprend quatre panneaux avec des jeux d'amours parmi des entrelacs pseudo-Renaissance.

En entrant dans la salle, voir à gauche de la fenêtre un cadre de cartes postales, préparées en Allemagne pour célébrer l'entrée des troupes impériales à Paris en 1914.

Dans le panneau de droite de la salle, sur la cimaise, cadres de banderoles imprimées ou tissées. Ces banderoles, répandues à de nombreux exemplaires et vendues au profit de la Croix-Rouge, s'appelaient des « Vivat-Bänder »; elles étaient faites à l'occasion d'une bataille victorieuse, de la prise d'une ville, ou en l'honneur d'un personnage glorieux. Le même usage existait en Autriche : le visiteur a pu remarquer dans la salle précédente des banderoles autrichiennes analogues.

Au-dessus, tableaux et gravures. Parmi eux, une aquarelle exécutée à Bruxelles par le peintre Roméo Dumoulin et intitulée *Bolchevism made in Germany* (Bolchevisme fait en Allemagne); elle montre la manifestation des soldats allemands, le 10 novembre 1918, agitant le drapeau rouge devant le Palais de Justice de la capitale belge; — une gravure où, sous le titre *Un jour viendra*, on voit un sous-marin allemand qui surgit de la Tamise à Londres derrière le Palais de Westminster.

Les volets de cette salle sont au nombre de quatre : deux renferment des documents allemands, les autres des documents autrichiens et hongrois.

Le volet de droite est consacré à des affiches allemandes de propagande destinées à frapper l'opinion publique soit en Allemagne, soit dans les pays neutres. Ces affiches sont à voir une à une. On se bornera à en citer quelques-unes.

Sur la face principale, un soldat français, aux yeux pleins de fureur, qui tend vers la cathédrale de Strasbourg et le Rhin une main de convoitise. « *Nein! Niemals!* dit le texte. Non! Jamais! » Ce sont les paroles prononcées par le ministre des affaires étrangères, M. Von Kuhlmann, déclarant au Reichstag, en octobre 1917, que l'Allemagne ne ferait jamais aucune concession sur la question d'Alsace-Lorraine. Une autre affiche porte pour titre : la plaie brûlante de la France (*Dei brennende* Wunde Frankreichs). Elle montre une large bande rouge de territoires dévastés par le feu, de la mer du Nord à la Lorraine; la légende qui figure en haut, à droite, se termine par cette phrase : « Allemands, remerciez nos soldats (fedgrauen) qui ont épargné à vous et à votre patrie un sort semblable. » Voir aussi plusieurs affiches de propagande contre le principal ennemi (*Hauptfeind*), l'Angleterre, bloquée par les sous-marins allemands.

D'autres affiches montrent le souci qu'avaient les Allemands de s'assurer l'estime du monde : c'est le cas de celle qui a pour titre *Sind* wir *die Barbaren ?* (Est-ce *nous* qui sommes les Barbares?); — de cette autre *Wer ist militarist?* (Qui est militariste?). Il y en a où se révèle la préoccupation d'impressionner à la fois les Allemands et les neutres par la preuve de la supériorité de l'Allemagne sur ses ennemis dans tous les domaines de l'activité économique ou sociale. Une autre catégorie est celle qui se rattache aux difficultés du ravitaillement et à l'obligation des restrictions : collecte des orties pour faire de la laine, des noyaux de fruits pour faire de l'huile, des démêlures de cheveux pour faire de la ficelle et des cordages, drainage de l'or, des vieux vêtements, etc.

D'autres affiches enfin se rapportent à un usage allemand pendant la période de la guerre : par exemple, le tableau qui indique les prix à payer pour enfoncer des clous dans la statue colossale du maréchal

Hindenburg spécialement érigée à Berlin à cet effet.

Le volet voisin du précédent a pour sujet « L'Allemagne d'après guerre », c'est-à-dire pendant la fin de 1918 et en 1919. Les affiches qu'on y voit concernent soit les appels aux volontaires pour lutter contre les révolutionnaires, soit les plébiscites imposés par le traité de Versailles en Prusse Orientale, à Salzbourg, dans le Sleswig, etc. On remarquera notamment celle qui montre les deux rives du Rhin inséparablement unies entre elles. Dans le même volet, curieuses affiches illustrées que le souci de propagande a inspirées aux divers partis politiques lors des élections à l'Assemblée nationale de Weimar (1919).

Les affiches des volets autrichien et hongrois ont pour sujets les emprunts, les journées de bienfaisance, les restrictions de denrées et de matières premières; certaines sont des protestations contre les traités de paix, comme, par exemple, l'affiche qui reproche à l'Entente de créer aux frontières de la Hongrie quatre nouvelles Alsace-Lorraine.

Au-dessus des volets, grandes affiches allemandes d'emprunts de guerre.

En face, à droite de la fenêtre, une vitrine d'*ersatz*, c'est-à-dire de denrées et d'objets de remplacement, destinés à remédier à la pénurie des matières premières : pelote de laine d'ortie, ficelles, étoffes, corsets, robes, bonnets d'enfant tissés en papier, jarretelles où le caoutchouc est remplacé par un ressort métallique à boudin, semelles de bois, poudre chimique pour faire de la soupe aux légumes, tabac artificiel, etc., etc.

Sur le panneau de mur qui sépare cette salle de la suivante, scènes de la période de guerre en Roumanie.

Salle 5 N.

Elle est consacrée à l'Italie, à la Tchécoslovaquie, à la Pologne et aux autres alliés (Portugal, Grèce, Roumanie, Serbie).

Les tableaux qui la garnissent, à droite, ainsi que les bronzes des deux grands hommes d'Etat (le président de la République, M. Mazaryk, et le ministre des affaires étrangères, M. Benès) et du général Stefanick qui commanda la célèbre légion tchécoslovaque, ont été offerts par le gouvernement tchécoslovaque. Dans une vitrine, moulages du visage et de la main de Stefanick. Les tableaux représentent les endroits où les légionnaires tchécoslovaques combattirent sur le front occidental de la guerre : la route de Béthune à Arras, Souain (où ils se trouvèrent le 9 mai 1915), Belloy (4 juillet 1916), Vouziers (25 octobre 1918).

La vitrine renferme des médailles italiennes : effigies du roi d'Italie; médailles commémoratives des exploits accomplis par l'armée de terre et par la marine, ou attestant l'effort industriel de la nation, etc.

Des trois volets, l'un est consacré à des affiches et autres documents tchécoslovaques;

Le second, à l'Italie pendant la guerre. On y remarquera la carte du front italien, des affiches d'emprunts de guerre, de propagande, d'œuvres et journées de bienfaisance ; des photographies de villes et de paysages italiens; des vues d'usines de guerre;

Le troisième se rapporte à la Serbie (affiches évoquant l'héroïsme et les souffrances du peuple et de l'armée), — au Portugal (affiches d'œuvres de guerre, photographies des troupes portugaises sur le front français), — à la Pologne (généraux Haller et Pilsuski, affiches polonaises et allemandes de propagande lors du plébiscite de Haute-Silésie), — à la Grèce (affiches d'emprunts; portaits de M. Venizelos, de l'amiral Coundouriotis, du général Danglis (crayons de Darrieux).

Sallle 6 N.

Ancien salon du duc de Montpensier et ancienne chambre à coucher de Monsieur, frère de Louis XIV. Au plafond, entourée de médaillons qui datent de 1842, une Renommée portant le portrait de Monsieur, duc d'Orléans (xvii° siècle), attribuée à Michel Dorigny. Cette salle est peut-être la chambre où Mazarin est mort.

Cette salle est consacrée à la Grande-Bretagne et aux Etats-Unis.

Remarquer, dans la porte d'entrée, le portrait de Miss Cavell, directrice d'un Institut médical à Bruxelles, et, en face, l'affiche de sa condamnation à mort.

Sur un panneau, à droite, sont groupés des tableaux de M. Gilbert Bellan, représentant les lieux où les troupes américaines combattirent : Saint-Mihiel, Montfaucon, Château-Tierry, Varennes ; — des scènes diverses de l'histoire des relations franco-américaines pendant la guerre, telles que : le défilé des élèves de l'Ecole des Cadets de West-Point devant M. Viviani et le général Joffre lors de leur mission aux Etats-Unis (1917); l'arrivée du président Wilson à Brest (par M. Gilbert Bellan); le départ des volontaires américains (esquisse du carton de M. Jaulmes pour une tapisserie tissée aux Gobelins et offerte par la France à la ville de Philadelphie); le portrait du général Pershing (par Mme Micheline Resco); le cimetière américain de Belleau (par M. le Meilleur).

Les deux autres panneaux se rapportent à l'effort de la Grande-Bretagne et de ses Dominions et Colonies. Sur l'un, vues des endroits où les troupes britanniques ont combattu : butte de Warlencourt, Vimy, Lens, la Somme, N.-D. de Lorette (par M. Gilbert Bellan); dessins des artistes anglais Nash et Nevill Lytton. — Sur l'autre, armée coloniale (pastels de MM. R. Kœnig et Alluaud), marine et armée de terre; voir le *Cuirassé « Vindicte » coulé dans le port d'Ostende* (par M. Gilbert Bellan), et Miss Nicolson, cantatrice anglaise, transportant, sur le front de l'Yser, des blessés belges (par M. A. de Broca).

Vitrines. — Dans l'une, insignes et médailles d'origine américaine ou se rapportant à l'Amérique.

Dans l'autre, quelques médailles anglaises (portraits du roi George V, du Maréchal Kitchener, de M. Lloyd Georges, assiettes décorées d'images à la mémoire des morts de la guerre, plaque des messagers du roi).

Volets. — L'un a pour sujet les Etats-Unis d'Amérique, un autre le Royaume-Uni d'Angleterre, le troisième les Dominions.

Dans chacun d'eux se retrouve une catégorie d'affiches qui sont inconnues dans les autres pays belligérants; elles étaient destinées aux appels pour l'enrôlement. Comme le service obligatoire n'existait pas dans les pays anglo-saxons lors de leur entrée en guerre, c'est par voie d'engagement volontaire que le recrutement avait lieu au début de la guerre.

Premier volet. — Les Etats-Unis.

Affiches d'enrôlement pour toutes les branches de l'armée et de la marine, et pour les services auxiliaires, notamment les services remplis par des femmes. Affiches d'emprunts, d'œuvres de bienfaisance; affiches invitant aux restrictions nécessaires. Vues de navires de guerre. Photographies de tombes américaines sur le front français.

Deuxième volet. — La Grande-Bretagne.

Appels pour les enrôlements, pour les emprunts. Lithographies, dues en majorité à l'artiste Muirhead Bone, montrant l'effort naval du Royaume-Uni. Portraits de généraux et d'amiraux. Nombreuses vues de champs de bataille de France.

Troisième volet. — Les Dominions.

Documents canadiens, australiens, et néo-zélandais. Voir notamment celles des affiches d'enrôlement qui, s'adressant aux Canadiens d'origine française, sont rédigées dans notre langue.

Au-dessus des deux derniers volets, pichets de caractère humoristique à l'effigie de M. Lloyd George, de l'amiral Jellicoe, de Lord Kitchener, du général Joffre, du maréchal French.

Cadres renfermant les insignes des régiments britanniques (don du gouvernement anglais).

Salle 7 N.

Salle à manger (servant en même temps de salle de billard) du duc de Montpensier, commandant l'artillerie de Vincennes. A part la composition du plafond qui date du xviie siècle (œuvre de Michel Dorigny représentant Flore et Zéphyr), tout le decor est de l'époque de Louis-Philippe. Avec ses huit panneaux peints relatifs à l'histoire (assez fantaisiste) de Vincennes et placés dans un cadre en camaïeu or, cette salle est un excellent spécimen du style « troubadour ».

Les parois étant inutilisables pour l'exposition, la salle a été transformée en une espèce de cabinet des médailles. Sept vitrines contiennent des médailles allemandes; une huitième, des médailles et insignes autrichiens.

Pendant la guerre, en Allemagne, on a fondu ou frappé une grande quantité de médailles relatives aux principaux événements depuis la mobilisation jusqu'au traité de Versailles et à son exécution, ainsi qu'aux principaux personnages ayant joué un rôle soit militaire, soit politique, depuis 1914. Les collections présentées dans cette pièce sont comme un résumé de l'histoire de la guerre et de ses suites immédiates au point de vue allemand.

Quelques-unes de ces médailles rappellent même les préliminaires de la guerre (chute du Zeppelin à Lunéville en 1913; meurtre de l'archiduc François-Ferdinand à Serajevo, 28 juin 1914). Au centre de l'une des vitrines, moulage (en deux formats différents) de la médaille frappée en vue de l'entrée des troupes allemandes à Paris. Une autre médaille, frappée en 1915, montre l'aigle allemand dominant Paris. Une autre a pour sujet un cavalier en marche vers Paris ; on remarquera que l'inscription de 1914 *Nach Paris !* est effacée sur le second exemplaire.

Une autre, plus tardive, commémore les bombardements de Paris et montre un tigre (sous la figure de M. Clémenceau) blessé aux pattes par un éclat d'obus. Remarquer celles qui célèbrent les prises de villes (Liège, Saint-Quentin, Lille, etc.).

L'Entente est représentée soit par les effigies des chefs d'Etat (M. Poincaré, Georges V, Nicolas II, le roi d'Italie, le président Wilson), soit par des animaux symboliques (le coq pour la France, le bull-dog pour l'Angleterre, l'ours pour la Russie). Nombreuses sont les médailles satiriques concernant les puissances ennemies de l'Allemagne.

Au centre d'une des vitrines figure la médaille fameuse dite du « Lusitania » : on voit, d'un côté, les passagers prenant leurs billets, que la Mort délivre à un guichet; de l'autre, le navire en train de couler.

La médaille du « Lusitania »est un spécimen du genre macabre, si important dans l'art allemand. D'autres spécimens de ce genre sont exposés ; ainsi on y voit la Mort assise, accroupie, couchée, tour à tour artilleur, fantassin, matelot. Sur l'une d'elles, intitulée *Verdun*, la Mort, coiffée de la petite calotte des marins britanniques, pousse la France vers l'abîme. Sur un autre, la Mort manœuvre une pompe : c'est *Verdun, la pompe à sang du monde;* cette médaille est dédiée au général Pétain.

Une vitrine est spécialement consacrée aux médailles frappées en l'honneur du maréchal Hindenburg et de ses lieutenants dans la Prusse Orientale.

Dans une autre, sont réunies les médailles commémoratives des batailles navales et aériennes, avec des portraits d'amiraux, d'officiers de marine et d'aviateurs.

La vie à l'intérieur de l'Allemagne est également représentée par des médailles de la Croix-Rouge, du service dans les usines de guerre, d'encouragement à la production du blé, du soldat-laboureur. D'autres sont destinées à honorer les veuves de guerre et à célébrer les naissances d'enfants, futurs défenseurs de la patrie. Voici une gigantesque araignée qui suce le sang d'une femme : c'est le symbole du « mercanti » suçant le sang de l'Allemagne. Telle autre médaille est une protestation contre la vie chère, contre l'inflation, contre la rareté des logements. Ici une femme agenouillée semble jongler avec les casseroles, c'est un appel pour la collecte du cuivre; là une femme tenant un collier, c'est un appel pour la récolte de l'or.

Une vitrine est entièrement occupée par des spécimens des nombreuses médailles relatives à l'armistice, à la révolution de novembre-décembre 1918, au traité de paix. On voit des images satiriques contre l'empereur déchu : Guillaume II chassé par un matelot avec de grands coups de pied au derrière, ou à qui Frédéric II tire les oreilles comme à un descendant indigne, ou monté sur un cheval de bois et partant en guerre, etc. Plusieurs médailles se rapportent à la révolution en Bavière et au gouvernement de Kurt-Eisner. Parmi les médailles de protestation contre le traité de paix, voir *Le Calvaire* de l'Allemagne attachée à un poteau et à qui on présente le fiel au bout d'un bâton; — le Coq gaulois qui, monté sur les drapeaux de l'Entente, chante dans l'ivresse de la victoire, mais est presque entièrement déplumé. Celle où l'on voit un groupe de poings levés sert de commentaire à la réflexion faitre par Erzberger au maréchal Foch lors de l'armistice : « Un peuple de soixante-dix millions d'âmes souffre, mais ne meurt pas. » Médailles contre l'occupation d'Eupen et de Malmédy, contre celle de la Ruhr : tête de soldat nègre, coiffé du casque français (*La Honte noire*), militaire (vraisemblablement le marchal Foch) à cheval sur l'hôtel de ville de Francfort. L'ouvrier allemand, le marteau sur l'épaule, est glorifié pour avoir fait échouer l'occupation du bassin houiller.

Le plus grand nombre des médailles satiriques sont l'œuvre d'un artiste munichois, M. Goetz. Les autres médailleurs sont notamment MM. Eberbach, Giest et Ost,

La vitrine des médailles autrichiennes a un intérêt principalement iconographique : portraits de l'empereur François-Joseph, de l'empereur Charles, de l'impératrice Zita, de Ferdinand de Bulgarie, etc.

Grand couloir.

On le prend à gauche en sortant de la salle précédente.

On y voit d'abord des images populaires russes de la période tsariste : images satiriques aux tons éclatants, dirigées contre Guillaume II et François-Joseph, ou images glorifiant l'héroïsme des paysans russes. A leur suite, un meuble à volets sur « La Russie pendant la guerre » contient principalement des affiches d'emprunts; à la fin, portraits du tsar et des membres de la famille impériale, de généraux, d'hommes politiques, jusqu'à la période du gouvernement provisoire présidé par M. Kerenski.

En face, gravures et dessins concernant l'armée portugaise sur le front français; une gravure due à M. Galanis montre, au début de la mobilisation, des volontaires de la Légion étrangère rassemblés dans la cour du Château des Papes à Avignon.

A la suite, quelques tableaux relatifs à la guerre sur le front d'Orient : vue panoramique des Dardanelles (M. Valensi), vues de Salonique (M. G.-Ch. Richard).

Du côté opposé, meuble à volets consacré aux prisonniers et internés français et alliés : il contient notamment des affiches pour les œuvres destinées à leur venir en aide (par MM. Forain, Steinlen, Willette), des scènes de la vie des camps de prisonniers dans les Empires Centraux (MM. Bach, Borga, Bing, Hanotaux, Plisson, J.-J. Dufour, Drouard, Marguery, André Warnod), des affiches de concerts et expositions organisées par les internés en Suisse, des programmes et photographies de représentations théâtrales dans les camps, des spécimens de journaux rédigés par les prisonniers, etc.

Les parois qui suivent sont occupées par des tableaux concernant les prisonniers allemands en France : *L'interrogatoire d'un prisonnier,* par M. Vuillard; le *Défilé d'une colonne de prisonniers à Ribécourt* (M. Abel Truchet); toiles et aquarelles de MM. Balande, F. Lauth, Grün, André Fraye, Renefer, Jules Adler, Flameng, Jodelet, Picart-Ledoux, Jean Lefort, Tournon, Devambez, Anglay.

Au plafond, modèles réduits d'avions français et allemands.

Salle d'angle.

Une dernière salle, dont l'entrée est dans le prolongement du couloir qui vient d'être décrit, renferme des tableaux de M. Gilbert Bellan et des dessins rehaussés d'aquarelle (par M. Le Meilleur) où sont représentées les étapes de la constitution des régions dévastées du Nord et de l'Est de la France.

Rodez, imp. P. CARRÈRE (fondée en 1624). è29 3000.

OUVRAGES

PUBLIÉS PAR LA SOCIÉTÉ DE L'HISTOIRE DE LA GUERRE.

Iᵉ — CATALOGUES MÉTHODIQUES.

Catalogue du fonds allemand de la Bibliothèque-Musée de la Guerre, par M. Jean DUBOIS, conservateur, avec la collaboration de M. Charles APPUHN, agrégé de l'Université, chef de la section allemande à la Bibliothèque. Introduction par M. Camille BLOCH, directeur. 4 volumes in-8, soit 1350 pages environ, à double colonne.

Catalogue du fonds italien de la Bibliothèque-Musée de la Guerre, par M. Paul-Henri MICHEL, chef de section à la Bibliothèque. 1 volume in-8 de 534 pages, à double colonne.

Catalogue des fonds britannique et nord-américain de la Bibliothèque-Musée de la Guerre, par M. Maurice BOURGEOIS, agrégé de l'Université, chef de section à la Bibliothèque. (Les deux premiers tomes ont seuls paru; le troisième est en cours d'impression, il y en aura six.)

IIᵒ — RECUEILS DE DOCUMENTS.

Un des problèmes de la paix. La sécurité de la France, par M. André HONNORAT, sénateur, ancien ministre, président de la Société. 1 volume in-12, 160 pages.

Un des problèmes de la paix. Le désarmement de l'Allemagne, par M. André HONNORAT. 1 volume in-12, 148 pages.

Recueil de documents sur l'histoire de la question des réparations, par M. Germain Calmette, attaché au service de documentation de la B.M.G. 1 vol. in-8, CVIII-540 p.

Un des problèmes de la paix. Les dettes interalliées, par M. Germain CALMETTE. 1 vol. in-12, 250 p.

La politique extérieure de l'Allemagne (1870-1914). Traduction des documents officiels publiés par le Ministère allemand des Affaires étrangères. T. I à VI parus.

IIIᵒ — ETUDES.

Introduction aux Tableaux d'Histoire de Guillaume II, par MM. Charles APPUHN et Pierre RENOUVIN. Avant-propos de M. Raymond POINCARÉ. 1 vol. in-4, 61 pages.

Joffre et Lanrezac, par M. Jules ISAAC, professeur au lycée Saint-Louis. Etude critique des témoignages relatifs à l'action de la Vᵉ armée en août 1914. 1 vol. in-16, 126 pages. (La Société ne possède plus d'exemplaire de cet ouvrage.)

La Campagne « innocentiste » en Allemagne et le Traité de Versailles, par M. Richard Grelling. Traduit de l'allemand par M. Louis MOREAU. 1 vol. in-12, 318 p.

Tours pendant la grande guerre (1914-1918), par M. Michel LHÉRITIER, docteur ès lettres. Ouvrage publié sur l'initiative de la municipalité de Tours. 1 vol. in-8, 438 pages.

Les origines immédiates de la Guerre (28 juin-4 août 1914), par M. Pierre RENOUVIN. 1 vol. in-8, 277 pages.

La politique allemande pendant la guerre, par M. Charles APPUHN. 1 vol. in-8, 131 pages.

Nota. — Les Publications de la Société sont en vente : à la Librairie Alfred Costes, 8, rue Monsieur-le-Prince, Paris-VI.